줄어들지 않는 밥

이나혜 시집

시인동네 시인선 184   이나혜 시집

줄어들지 않는 밥

시인동네

시인의 말

엉성한 집을 또 한 채 마련하고
목이 메어
라면을 먹습니다.

2022년 9월
이나혜

차례

시인의 말

제1부

칼 · 13

물방울 · 14

한밤의 당구 · 16

왕새우구이 · 18

밤 전철 · 19

달 · 20

덩굴장미 · 22

동행 · 23

할미꽃 · 24

그 바다 · 26

수평선의 전말(顚末) · 27

잔등 · 28

시금치 꽃대 · 30

해바라기 · 32

제2부

조 생각 · 35

지극히 평범한 남자 · 36

해가 쨍쨍 · 38

아침 정원 · 40

장마예보 · 42

여름나기 · 44

여름나기 2 · 46

여름나기 3 · 47

여름나기 4 · 48

외식 · 50

종부세 · 52

트레드밀 · 55

철없는 모기에게 고하노니 · 58

보리굴비 · 60

통(通) · 64

제3부

눈 · 67

밥 · 68

갯물 두부 만드는 법 · 70

맨드라미 · 71

군불 · 72

봉선화 · 74

금낭화 · 75

손수건 · 76

가을 · 78

가을 2 · 79

가을 3 · 80

옛집 · 82

담배 향 · 84

준영이 · 85

알의 정적(靜寂) · 86

제4부

장산도 · 89

벌노랑이 · 90

달맞이꽃 · 91

거미줄 · 92

암향(暗香) · 93

함박꽃 · 94

개구리밥 · 95

왕원추리 · 96

동백꽃 · 97

파꽃 · 98

오솔길 · 99

오늘의 날씨 · 100

비진의표시 · 101

푸른 눈 고양이 · 102

시 · 103

소(沼) · 104

해설 은유와 환유의 지평 · 105
     진순애(문학평론가)

제1부

칼

새벽을 위해
칼집에서
햇빛을 꺼내

너의 심장을 겨누는
나는 한 획의 섬광이어서

늘 민감하고
날카롭지

물방울

저렇게 많은 눈동자들이
무슨 의미를 가졌다면
말을 하고 싶어 한다면

아마 어서 지상으로 내려오고 싶다는 뜻이 아닐까요

당장 모든 걸 집어치우고 뛰어 내려와
까닭 없이 결리던 어제저녁 어깨는
좀 나아졌느냐는 물음
그 위로 다음에
봄이 얼마만큼 와 있냐는
초롱초롱한 질문을 하고
답을 기다리는 것이 아닐까요

풀잎 자두꽃 숲길 시냇물 고양이 안개 배추흰나비
아이들 그리고 둥근 돌멩이 몇 개
얼핏 이런 것들이 우리의 봄을 열어줄 것이라는
낮은 입속말을 해주고 싶은 것이 아닐까요

알 수 없는 말
눈을 뜨고도 읽을 수 없는 까마득한 문맥(文脈)들
그러고는 하나둘씩 뚝뚝 떨어져 내렸지요

더운 욕조에 누워 안드로메다보다 더 먼 천장을 올려다보고 있던 어떤 사람은
그제야 저 무수한 눈물방울 점자(點子) 문장 속에서
봄은 올 거야
그 짧은 문장 한 자 한 자를 곁리지 않는 마음으로 더듬어 읽어보기는 했다고 하지만요

한밤의 당구

각을 잰다
탄산수같이 청량한
성감대의 각도를 찾아
초크를 칠한다
톡
환청(幻聽)이어도 좋을
붉은 속도를 따라
밤 불빛을 따라
둥글고 반들반들하게
욕망이 구른다
구르다가
사각(四角)의 면(面)에서
마침내 탄성처럼 몸 부딪는
이 시큰거리는 당착(撞着)!
다시 초크를 칠하고
또 한 번 눈으로 큐를 재는
은밀한 욕망의 각도 궤도
톡

한밤의 댐을 무너뜨릴 듯
흥분처럼 굴러 청량한 새벽
누군가의 알몸에 가 부딪치는
이 둥근 절정감!

왕새우구이

남편의 눈가는 실눈이다
살아있다
부탄가스 불빛 같다

잔등이 노을처럼 붉어지면
다 익은 거야

모두 왼편으로 허리가 굽은 채

밤 전철

그리로 가기 위해
전철 전체가 그리로 가니
서로 묻지도 대답하지도 않고
모두 그리로 간다

달

달의 정체가 궁금하여
껴안아 보고
깔고 앉아 보고
집어던져 깨트렸는데
웃기만 하네

이불 속에 넣거나
무드 등 아래 눌러놓아도
어느새 베개를 밟고
창문을 넘어 나가
지붕으로 올라가네

이 허망함을 누가
스토커처럼 숨어서 보고
일부러 유리창에 감나무 가지를
수없이 그려 놓았는데

달은 웃기만 하네

둥그렇게 웃기만 하네

달이 거기 있으면 되지
방을 그리 옮기면 되지

덩굴장미

내 무아(無我)의 감정은 붉은 술병을 딸 수 없다 침대에 누워 온건한 사랑을 나눌 수 없다 타오르는 모래밭의 폭풍 캄캄한 밤의 홍등(紅燈) 눈을 찌르는 새빨간 현기증을 이겨낼 수 없다 나를 학대한 나를 감시한 나의 스토커들 나를 앞질러 따돌리고 기다린다

동행

어깨에 기대 천장의 거미줄을 따라
가느다란 숨소리를 왼쪽 혈류에 넣고
잠에 빠질 수 있는 밤이
우리가 함께할 자정
다음이었으면……

할미꽃

새들이 노래를 멈춘
밤

내 구부러진 몸속에는
정읍사를 노래하던 어느 행상인의 아내가
계월향이가
홍랑이가
매창이가
황진이가
허난설헌이가
노천명이가
나혜석이가
전혜린이가
이난영이가
들어왔다 나간다

자니?
남동쪽 하늘 좀 봐봐

환한 별 같은 거 보여?
흐린 거 같은데 꼬리가 달린 별 같은 게 꼼짝 않고 있어
유에프오인가?

이제 빈 무덤 앞에서
수없이 스쳐 지나간 말들을 하나씩 추억하면서
늙은 모어(母語)로 노래 부르고 싶은 밤!

그 바다

허옇게 속이 드러난 편지봉투 같군요
봄날이 무척 따사로워 연인 둘이
내 등허리를 밟고 사진을 찍습니다

사랑이 정말 어디서 오는지 알고 싶은가요
대답 대신 바다는 눈 밑까지 차올랐습니다
미래로도 차오르다가 경계선에서 돌아섭니다

수평선의 전말(顚末)

허리띠를 풀고 정강이의 힘줄을 당겨
목쉰 바람의 비명을 가늘게 뉘어 놓은
칼날의 기억 가로금을 되돌리지 못한다
아직도 거품을 문 기나긴 뱀들이 토막 나
해변에 부려지고 모래사장을 기고 있는지

잔등

낙타의 등에 앉아 보았습니다
올라탄 것이 아니라
잠깐 얹힌 것입니다

저녁이면 하늘로부터 내려와 앉는 별들을
낙타가 긴 속눈썹으로 쓰다듬어
눈자위에 사막을 담았습니다

낙타 그림자에 앉아 본 것입니다
낙타라는 눈물 같은
잔등에 잠깐 얹힌 것입니다

모래바람의 밤에 기도 소리를 따라
무릎 꿇은 낙타가 자신에게로
돌아가는 모습을 지켜보았습니다

사막에서 사막의 영원으로
무릎으로 걸어가는

그래서 별자리에 이름이 없는
낙타는 굽은 잔등이었습니다

시금치 꽃대

마을회관 단칸방 벽에 언니가 최우수상을 받은 그림이 걸려 있었다
그림 위쪽에 손바닥만 한 창문으로 매운 연기가 뭉게뭉게 눈발과 섞였다
동생과 나란히 앉아 밥상을 기다렸다
엄마는 시금치 꽃대에 달린 잎을 따 와 밀죽을 쑤었다

담임선생님 가정방문 오는 날은 육지에서 사
보내온 책들을 언니가 책꽂이에 나란히 꽂았다
모두 읽지 않은 책들이었다
그날만큼은 시금치 꽃대처럼 어깨가 으쓱 올라갔다

정제문을 열고 밥을 빨리 달라고 재촉했다
엄마는 손등으로 벌게진 코밑을 훔치며
행주로는 양은밥상을 닦고 젖은 손을
몸뻬에 털며 지금 밥 뜬다 하였다

논수밭에 대만 남은 시금치 꽃대를

엄마가 뽑아내면 햇볕이 내리고
눈이 다 녹았다

해바라기

욕망은 너를 들끓게 하는지
밤을 지나
허공에 매달려 헛되이 재가 될
죽음도 종교도 아닌 한낮의 키 큰 태양을 조문하면서
노란 허영의 불길을 스스로 사르는
너는 긴 모가지를 빼고 서서
오늘은 누구의 유족이 되려 하느냐

제2부

조 생각

돗자리에서 축 늘어져 가꼬
늘근 닭 시키맹키로
부리를 내놓고
꼬극꼬극 조아림시롱
정오를 기다리는디
잠이 들었다 깼다 허믄서
지상의 볏이 꼿꼿허게 서 가꼬
꼬그덕 꼬그덕
홰를 치는디
워매 끈적 끈적
더워서 환장하것네
침을 닦고
모시 몇 알 조사 묵고
하드 한 개 베껴 물고
조를 생각헝께
숨이 턱턱 막혀오고
익모초맹키로
잠 깨는 디는 질이네

지극히 평범한 남자

조가 어제에 이어 오늘도 일찍 겨 들어와 가꼬 봉급날도 아니믄서 무슨 칠십 년대 리어커꾼맹키로 푸줏간에서 저 먹을 사시미와 국거리를 신문지에 돌돌 말아가꼬 왔는디 오늘 일당이 두둑했는지 땀으로 범벅이 되가꼬 팔을 쭉 올리드만 옷을 배깨 달라고 을매나 땀을 흘렸는지 안 배깨지는디 뭔 요다구를 꾸미려는 건지 즈그 각시는 걱정이 앞서는디 운수 좋은 날이여

그랑께 즈그 각시가 설거지를 허다말고 앞치마를 홀라당 배깨놓고 소주 홉을 들고 가 앉았는디

조가 실실 쪼개네 술이면 다 좋은 것인지 실실 쪼개네

으따 뭔 요다군지

조가 뻘간 사시미를 집어먹음서 갑자기 안 하던 말을 허네

나는 우리 아들 없으면 못 살아

즈그 각시 읎으믄 치깐에 들가서 실실 쪼갤거믄서

즈그 각시가 입 꾹 다물어도 으디로 샛는지 다 알아 묵고 대답은 착착 잘허네

허긴 즈그 각시랑 산 세월이 을마여

이 무더위에 술이 불쌍헌지

즈그 각시가 이뻐 뵈는지

나 그런 사람 아니야

아니긴 주둥이 보니께 즈그 각시 죽으믄 삼 개월도 채 못 가 새 거시기 들어 안치게 생겼구먼 잔소리하는 사람 없지 겨 들오는지 겨 나가는지 누가 뭐라 하겠어

내 사랑과 한날한시에 떠날 거야

으따 염빙허네! 지가 무슨 네루다야 허긴 즈그 각시를 안해라고 부르는 사람도 있는디 이깟 한여름에 닭살쯤이야

아, 내가 무엇이간데

그랑께 즈그 식솔들이 무엇이간데 소금기 다 빼가꼬 겨 들어와 담백질 보충헌다고 시뻘건 사시미를 참기름장에 찍어 바르고 낼 또 더위에 달린 목숨 갔다 바칠라고

눈물인지 콧물인지 설마 즈그 각시가 눈가에 침 바르고 치깐에 들가서 실실 쪼개지는 않을 거야 아무렴

즈그 각시는 입 꾹 다물고 있는디 고단한지 앉아서 겨 자네 조는

해가 쨍쨍

조가 요새 마니 약애졌다
비 맞은 강아지맹키로 내 눈치만 푸들푸들 본다
코로나 걸렸다가 멀쩡해졌는데도 게맹키로 옆으로 슬슬 본다
"코로나 종식될 때까정 각방 쓰자"
은제는 한 방 썼는지 조가 보따리 싸가꼬 겨 나갔다
허긴, 현관문 열고 들오자마자
"바냐심경감냉구보살아미아미타블또감냉구보살블라블라브라"
싸게 씻으라고 닦달을 해대니
이해헌다만
누군 사시미 있어서 씻으라 혔을까
겨 나간 지 3일이 되었는디 아무 연락이 읎고
겨 안 들어온다
혀서 하다하다 못해 점 하나 찍었다
"……"
도득늠 바로 읽네
공항이라네

회사 싹 다 말아드시고 아조 물 근너가 잔디밭에서 조랑말
허고 what are you talking about? 허튼서 사러라
헐러다가
겨 들온나, 이불 보송보송 말랐다

아침 정원

녹보수가 안방에 자리 잡고부터 어지럼증이 사라졌다
아침에 일어나 밥보다 먼저 내 손이 하는 일은 녹보수 이파리들을 아래서 위로 쓰다듬는 일이다
돈이 들어오고 공기가 맑아진다는 나무
당신의 매끄러운 팔 근육을 매만지는 것 같았다
내 무릎 하나 돌보기조차 버겁던 지난날, 화초인들 돌볼 수 있었으랴
당신 얼굴에 주름이 짙어지고 베란다에 방치된 브룬펠시아가 보였다
이파리를 떼어내거나 가지를 잘라내는 것은 식구를 버리는 것 같았다
내 무관심으로 잎은 작고 줄기는 휘어져 근근이 오후 햇볕만 받아먹고 있었다
며칠 감지 않은 머릿결처럼 푸석푸석한 가지들을 쳐내고 허리를 받쳐주었다
십칠 년간 앓던 속병이 내 손길을 받으며 안정을 찾았다

내년 봄에는 본연의 윤기가 흐를 것이다

보랏빛 향이 우리 보금자리에 뜻밖의 충만함을 가져다줄 것이다

나 지금 새소리 잘 들린다

손에 흙 묻힌 김에 게발선인장도 이발을 해줬다

뜯어낸 새끼손가락만 한 것들을 남아도는 화분에 이식했다

기어이 피고 마는 주홍 꽃잎이 나를 환하게 들여다볼 생각에 수저를 들고 흙을 긁어 꾹꾹 눌러 덮어주었다

물을 흠뻑 주었다

당신을 닮은 아기가 웃었다

장마예보

 오살늠 쓱어문들어질 늠이 홍어에다가 문어에다가 이스리를 츠묵고 와서는 지 주둥이를 내 주둥이 쪽으로 쭉 내미네 삼합인지 뭔지 냄새 한번 고약하네 소금 물속에 열하루 담가진 오이맹키로 쩔어왔네 염소 똥에 코 박고 이틀 연짝 술 퍼마신 거 맹키로 상판때기 좀 봐라 아예 매실맹키로 술독에 들가서 서서히 지 거시기 맹키로 더 쪼그라들어 오지

 이번 주말부터는 장맛비가 온단다 까스텔바작인지 캘빈클라인인지 니 빤스 중허제?

 편의점 의자에서 맥주 한 잔 걸치고 곯아떨어진 사람은 너밖에 없을 것인디 기네스북 가자 편의점 의자에서 맥주 한 잔 걸치고 코 삐뚤어졌다는 사람도 너밖에 없을 것인디 니가 시인이냐 야콥슨이냐 허구한 날 환유를 쓰브네?

 뭐다냐 니 거시기만 넣고 가방 싸라 침을 바르더라도 좌우앞뒤 가려가며 발라야제 니가 어디를 봐서 터미네이터냐? 콩 보까불듯 사나흘 뜩뜩 보까불라

 집에 오면 혼날까 봐? 혼나야제 하숙생맹키로 이불은 동굴맹글어놓고 니가 무슨 플라톤이냐 지하주차장 차 안에서 깔따구 띠끼고 새우처럼 웅크리고 잤다고? 머리는 모시 조사묵

은 부리맹키로 산발 오리발이네? 니가 사모하는 뙤약볕에서 깨 털듯이 털어 불라 니가 무슨 일구청춘이냐

  나는 뭐 간도 쓸개도 콩팥도 냉동실에 있응께 녹을라믄 산도화가 필 때까지 배창시 깔고 소설 나부랭이나 읽는 것도 하루이틀이제 옥 같은 물에 발 씻을 날 을마 안 남았다 귀가 뚫렸다고 바람 빠지듯 한쪽 귀로 흘려버리믄 쓰나 나 입은 째깐한디 니 큰 귓구멍에 고상한 단어 넣는 것 어지간히 입 아프다

  원초아도 아니고 방금 뜸 들인 밥도 아니고 따둑따둑 해주는 것도 열두 번이지 나 니 엄니 아니다 공정하고 가정의 법과 원칙을 지켜야 쓰것냐 안 쓰것냐 니가 무슨 니체냐 디오게네스냐 니 삶의 본능은 알겠다마는 나를 옥수수알맹이맹키로 촘촘히 자극하지 마라

여름나기

1.

내가 즈가부지 흰 난닝구 입고 밥상에 앉았는디 준이 밥 먹다 말고 헌다는 소리가 꼭 수산시장 수험생 같다나
이거 칭찬일랑가
그려 뭐든 혀서 후제에는 일 안 허고 고개만 빳빳이 쳐들고 한자리 차지하고 사는 '꼴' 보기 싫은 에어컨 팡팡 일 시켜야제

2.

누가 '조' 아니랄까 봐 아침에 겨 나갔다가 저녁에 겨 들와서는 집이 좁아서 후덥지근하다며 산책을 나가자 청하기에 못 이기는 척 따라나섰다가 들어왔는디 화장실에서 으아, 으흐, 우후, 준(높은) 소리가 들리네
조가 쓰잘머리 없는 샘이 많은 줄은 진즉에 알았다만 준이 쓰고 남은 물이 계곡에서 쏟아지는 폭포수로 들렸는지 홀딱 벗고 물을 버리지 말라고 당부하고는 어홍, 어헝, 어허헝, 제법 거시기한 소리를 내다가 쫄딱 젖은 호랭이 새끼꼴로 나와서는 물 안 버렸으니 후딱 벗고 나보고 들어갔다 나오라고 하네
나는 시든 배춧잎처럼 맥을 못 추리다가 결국 한 짝 발을

징거 보고는 꼴까지 폭 담그고 나왔는디 우리 집 가장 '조' 말대로 전잎이 싹 다 파닥파닥 싱싱해지네

여름나기 2

더워서 아이스크림 사 왔는디
한 개 먹을라고 깠는디 그새 녹았네
끈끈혀
앞뒤 창문 열고 '준' 선풍기 '조' 선풍기 다 돌아가는디 끈끈혀
대나무 자리에 누워 가만있어도 끈끈혀
끈끈혀
끈끈이에 착 달라붙은 파리가 이랬을랑가

여름나기 3

웃통 벗고 물 한 바가지 찌끄리믄 딱 좋을 날씨네
조야! 엎드리 바라
느 각시가 등목 해줄탱께
워매 바지는 벗지 말고
눈 배린다
째간한 느도 엎드려 바라
아이구야 시원타

묵만두
묵전
묵국수 먹고
시시서 돗자리 피놓고 대자로 뻗어 있네

여름나기 4

초복이라고 아침에 녹차 보리굴비를 해서 바치고
저녁으로 녹두삼계탕 삶아 바치고
낼 아침에 먹을 닭볶음탕과 수박 무침을 해놓고 빈 그릇 설거지하고 있는디
조는 거실 돗자리에 벌러덩 누워
축구를 봄시롱
각시야
각시야
부르네

설거지 마치고
앞치마 풀어놓고
거실에 와 본께

티브는 혼자 궁시렁궁시렁
조는 바닥에 떨어진 땡감맹키로
폴쌔 코를 고네

중복은 어쩔겨
말복은 워쩔껴

외식

 지가 을매나 급이 많은 인간이냐 허믄요. 울 집 두 머스마들 2월 초에 코로나 발병이 있었는디요. 시시서 어제 츰으로 밖에서 명태 정식이나 먹을까 혀서 나갔시오. 간만에 조 얼골 보니께 누군지 못 알아볼 뻔했시오. 마스크 벗고 정면에서 본께 얼골이 반들반들 혀가꼬 꼭 명태 바디 같더만요. 한번 만져보까, 허다가 참았시오. 그란디 명태 정식이 우크라이나 전쟁 땜시 읎어졌더라고요. 아, 전쟁이 이런 거구나 체감했시오. 수입이 안 되가꼬 수지타산이 안 맞은께 다마내기 꺼 갔다 쓰는지 비싼 찜만 팔더라고요. 헐 수 읎시 소자를 시킬까 중자를 시킬까 고민허는디요. 쥐장 아즈매가 소자는 먹을 것이 읎다고 중자를 시키는 쪽으로 영업을 헙디다요. 지는 솔직히 저녁에는 째간만 먹어요. 배가 부르면 키도 째간헌디 굴러갈 수 있어서요. 아니 아즈매요 소자가 몇 마리요. 시 마리여라, 허더만요. 그람 울도 시신께 소자로 허믄 쓰것는디요, 형께 준이 니 마리는 되야 아 참 잘 먹었다 허지요, 요러네요. 워매워매 하나밖에 읎는 우덜 아덜 맥여야제, 즈가부지가 맞장구를 칩디다. 그람 뭐 맨날 먹는 것두 아닌께 그랍시다 지까정 좋다허고 본께 명태찜이 큰 접시에 나왔는디요. 워딴매 싹

다 대가리는 우개쪽으로 몸통은 아래쪽으로 누웠는디요. 우선 우덜이 시신께 몸통 하나씩 각자 앞 접시에 가져다 놓고 살을 발라가꼬 김 우개다가 콩나물허고 백김치허고 올려가꼬 잘 먹었는디요. 몸통 하나허고 대가리가 니 개 남았잖아요. 지는 배가 부른께 아덜 더 먹어라 했지라. 그란디 조가 명태는 대가리가 젤루 맛있다고 먼저 눈깔부터 막 파 먹더니, 살은 아덜 먹으라고 헙디다요. 워매 으짠 일로 지 새끼를 챙길까 싶었는디요. 준이 살을 잘 발라먹고 있는디요. 조가 뻘건 양념이 맛나다고 막 싹싹 국물을 바닥까지 긁어 먹은께, 준이 보다보다 못 보것는지. 아부지, 아부지, 더 먹고 싶으면 요 살을 드시오 헝께 아니여, 아니여 다 먹었다고 입이 급나 맵다며 댐배 피러 나갑디다.

  암튼 시 식구 같이 밥을 먹어서 좋네요. 지가 그동안 쫄았시오. 이제 울 집 머스마들 바이러스 괜찮아진 것 같아요. 그래도 지는 급이 급나 많아서 일 년 더 참았다가 내년 꽃피는 봄 오믄 거시기를 거기기헐까 으쩔까.

종부세

엄마, 종부세가 뭐야?

우리와는 태생부터 다른 종류의 새야.

높이 날아?

응. 내년 하반기부터는 아마도 아파트 맨 꼭대기 층까지 날아올라.

솔개 비슷한 새야?

아니야, 송골매 비슷해.

나도 종부새 되고 싶다.

느검마 느가부지 저 세상 가도 물려받을 수 없어.

난 왜 선택 없이 태어났을까?

뭐?

엄마 아빠는 나를 원해서 만들었겠지만 나는 선택 없이 눈 떠보니까 이 집에 살고 있잖아.

그 점은 미안하게 생각해. 너에게 물어볼 수 없었잖아. 그렇지만 먹을 거 생기면 너 먼저 챙겨주잖아.

엄마 근데 강남은 20억짜리 전세도 있나 봐?

뭐? 2억이겠지.

아냐, 뉴스에서 20억이라고 했어.

20원이든 200원이든 2000원이든 우리와는 동글뱅이 그리는 방법이 달라.

20억 주고 전세 사는 사람들은 똥도 금색일까?

그건 염려 마. 아프지 않은 이상 똥색은 그냥 똥색일 거야.

차라리 집을 사지 왜 전세로 살까?

종부세 내기 싫을 수도 있고. 살다 보면 이유가 많아. 그렇지만 별장도 있을 거야. 관리인도 있을 거고. 왜 차 타고 가다 보면 강물 옆 산속에 집들 많잖아.

부러워?

부럽지.

세상 땅이 너 발아래에 있으니까 부러워 말고.

우리, 땅 부자야?

그럼 그렇고말고. 콩 심고 팥 심으면 그 줄기가 하늘을 뚫고 올라가 볼리비아까지 날아갈 건데 뭐. 그 새가 바로 그 새야. 그러니까 아프지 좀 말고. 장가가려면 운동도 하고. 느검마 뽀뽀도 많이 해주고.

아부지, 우리도 돈 벌어서 종부세 내고 영수증 코팅해서 액자 해놓자.

그래.
은제?
곤.

트레드밀

　조가 집에 물건을 주워 나르기 시작한 것은 아주 오래전부터이다. 그중, 제법 쓸 만한 물건 하나가 트레드밀이었다.

　조는 여자와 대화 도중, 불리하다 싶으면 누군가를 끌어들이는 재주가 있다. 남자들이 다 그런지 모르지만, 얼굴 한번 본 적 없는 '김 선배'라는 인물이 조의 입술에 자주 붙는다.

　예컨대, 김 선배가 아파서 병문안 가봐야 하고, 김 선배 작은아버지가 갑자기 돌아가셔서 부산에 다녀와야 하고, 김 선배가 골프 라운딩을 반값에 잡아놓았는데 한 사람이 모자란다는데, 또 김 선배가 혼자 한잔하고 있다는데……, 이런 식이다.

　"이번에는 또 뭐냐?"

　"김 선배가 빨래건조대로 몇 년째 쓰고 있는 물건을 버린다고 해서……."

　조는 여자와 통화가 끝나자마자 급하게 트럭까지 빌려서 차에 싣고 왔다. 여자 허락과는 상관없이 통보만 하고는 싣고 왔는데, 현관문에서부터 여간 애를 태우고 나서야, 베란다 한쪽 구석에 에드먼드처럼 자리를 차지했다.

　마치 오래전부터 적자(嫡子)인 듯, 아침이면 블라인드를 올려 제일 먼저 햇살을 구워삶고, 리어왕의 첫째 딸과 둘째 딸 같은 화분 속 꽃들에게 연정을 느끼게 하고, 정오의 빨래에서 풍기는 피죤 냄새도 맡으면서, 제 형을 닮은 노을까지 끌어들이고서야, 제 편에서 스스로 여자를 제 등에 태운다. 아마 저에게 재활용 쓰레기 딱지를 붙이지 못하게 하려는 수작이겠지. 그리고 좀 더 집의 안쪽을 차지하고 싶은 욕망이겠지.

이 집이 조와 여자가 신혼 때부터 쭉 살던 곳이라 오만가지 잡동사니가 산적해 있어, 뭘 또 가지고 온다고 하면 여자는 지레 겁부터 났다. 그런데 이 물건은 대체로 밤에 쓸모가 있는 것이다. 이것저것 삶의 잡생각이 어두운 방 안을 채울 때면, 비로소 분명한 용도로써 여자의 밤 일과를 함께하는 것이다.

여자는 이놈 잔등에서 하염없이 달려 땀을 흠씬 흘리고 나서 샤워를 하고는 새 속옷과 잠옷으로 갈아입는다. 그리고 편히 침대에 누워 가끔 셰익스피어를 펴 든다. 그러면 또 어느새 밀린 잠이 솔솔 다가오는 것이다. 이것이 트레드밀의 기특한 용도이다.

TV 칼스버그 맥주 광고 속 서양 남자는 실내 자전거를 타며 코로나 시대를 이기는가 보다. 그러나 양복을 입었다. 어쨌거나 그가 맥주를 한 모금 마시고 윗입술에 묻은 거품을 핥으면서 "칼스버그처럼"이라고 말을 할 때마다(실상은 우리나라 성우의 목소리지만) 여자는 홀가분한 느낌이 들면서 이상하게 조가 주워다 놓은 트레드밀을 더욱 유별나게 생각하게 된다.

그래서 걷다가 뛰고 뛰다가 걷고 코로나 세상에 이만큼 쓸 만한 물건이라면, 무엇보다 서자(庶子)인 트레드밀, 에드먼드의 마음을 조금은 이해해 주면서, 또 그의 음흉한 욕망에까지도 적극 가담하리라. 누군가에게 말을 토해내지 않아도, 고여 있는 말들이 깨끗이 마르듯 몸도 정신도 개운해질 터이니…….

조가 처음부터 가지고 있었던 물건이나, 김 선배 이름을 들먹거리며, 주워온 물건 중에 쓸 만한 물건이 있다는 것은 픽, 드문 일이다. 새집으로 이사 갈 때까지는 내치는 비극은 없을 것이다.

철없는 모기에게 고하노니
— 유씨 부인의 조침문(弔針文) 투를 빌려서

  모년(某年) 모월(某月) 모일(某日) 모씨(某氏)가 두어 자(字) 글로써 철없는 모기에게 고하노라!

  우주 만물은 무릇 조화옹(造化翁)의 다스림이로되, 네 이 하절(夏節)에 왕성함이 또한 그의 뜻이로다.

  허나 모기야,

  너는 모일 야반(夜半)에도 앵앵 내 귓가에 비래(飛來)하여 잠을 설치게 하더니, 급기야 오늘 산정(山頂)에 올라 하산하던 차 잠시 휴식을 얻어 쉬는 중에 불문곡직 달려들어 내 좌슬(左膝)을 깨물었구나. 아아, 가려워라. 차마 하의를 내릴 수도 또한 걸을 수도 없으니 오호(嗚呼)라, 네 행위야말로 만고(萬古)에 못 되었음이라.

  네 일찍이 인축지혈(人畜之血)을 얻어 연명(延命)하는 줄은 아는 바이나 어찌 레깅스 하의 위로 나를 물어 이토록 곤경에 빠뜨리느냐. 땀에 젖은 레깅스는 살에 붙고, 손가락은 헛되이 놀아 가려움만 자심(滋甚)하니, 이야말로 격화파양(隔靴爬癢)의 답답함이 아니더냐.

  사람이라 하여도 사흘을 굶으면 눈앞의 것이 모조리 성찬(盛饌)으로 보인다 하거늘, 미물인 너의 허기(虛飢)를 백 번 이

해는 하나, 차라리 맨살 어디, 아무 데라도 물어 시원히 긁게 마련이라도 할 일이지, 이게 대체 무슨 체면도 염치도 없는 노릇이란 말이냐?

조를 닮은 모기야,

오늘에 이르도록 내 넓은 인정(人情)으로 파리 한 마리도 공손하게 보아주고 바퀴 한 마리조차 안 보는 척 제 길을 가게 해온 지 사십여 성상(星霜)이며, 너 또한 이덕무(李德懋)가 이른 대로 '꽃 같은 주둥이'로만 알고 어여삐 여기리라 마음먹었거늘, 모일 대낮의 너의 얍삽하고 음흉한 행실은 차마 인내키 어려움이라.

해서 철없는 모기야,

다시 고하노니, 이번 일회(一回)는 내 너그러이 용서하거니와 차후라도 다시 달려들 시에는 분연히 단매에 너를 처치하리니 유념하여라.

모년 모월 모일 모기에게 타일러 고하는 그 순간조차 몹시 가려웠도다.

보리굴비

내가 사는 집이 2층이다. 앞 베란다 뒤 베란다 열어놓으면 강원도 바닷가가 따로 없을 정도로 시원하다. 특히 여름에는 선풍기나 에어컨을 켜지 않아도 맞바람이 불어 통풍이 잘되어 발톱이나 코털까지 잘 마른다.

내 기준에서 보면 우리 집 일이 때때로 열불나기도 하지만, 보편적 놈의 시각에서 보면 대체로 화목한 집이라 추정된다.

내 생일을 맞아 조가 20만 원이 담긴 기업은행 봉투를 침대 머리맡에 두고는 새벽같이 운동하러 떠났다. '이제 동반자 금융입니다!'라고 쓰인 봉투 겉면에 뭔 하트 모양에 화살을 그려놓고는 예전에 수작 부리던 기억이 되살아나 웃긴 웃었다마는 도로 천불이 나는 것은 도리가 없다. 내 생일이 이틀이 지났지만 내 생일상은 조에게 받아먹고 말겠다고 생각해, 연안부두에 갔다. 모처럼 비린내와 짠내가 우리 세 식구를 반갑게 맞아줬다.

준이 어디서 들어봤는지, 웬 보리굴비를 사 가자고 하네. 딱딱하게 말린 보리굴비를 바라보는 준 눈빛이 삼일이 눈알 맹키로 검은 동공이 또렷해지네. 보리굴비 한 두름을 요리 보고 조리 보며 나는 심란해지는데, 다행히도 굴비 주인장께서

굴비를 쪄 먹는 방법을 그나마 상세히 알려주시네. 저녁에 쌀뜨물에 담가뒀다가 아침에 20분 정도 찜기에 찌면 김이 솔솔 쌀밥 위에서 사르르 녹는다고 하네. 10마리가 주렁주렁 매달린 보리굴비 한 두름을 종이에 돌돌 말아놓고.

광어와 우럭은 회를 뜨고, 낙지는 참기름장에, 멍게와 해삼은 초장에 찍어 먹고, 쪄낸 소라와 가리비를 실컷 먹고는 입가심으로 새우튀김과 녹차호떡을 먹었네.

정박한 배 앞에서 사진 몇 방 찍고 있는데, 준이 뜨겁다며 차는 집에 가서 마시자고 그새 보채네. 나는 또 열불 났지만, 수험생에게 대항한다는 것은 조가 내게 백기를 들라는 꼴이니, 내 생일은 내년을 기약하며 차에 올랐는데, 준이 미안한지 시원한 설빙을 제 용돈으로 주문하겠노라 하네. 우리가 집에 도착할 즈음 설빙도 도착할 거라고. 디저트 협상은 이쯤 마무리하고는 집 주차장에 도착했는데, 조와 준은 쪼르르 뛰어 올라가네. 나는 좀 더 산책하고 싶고 천천히 느리게 가고 싶은데…… 아쉬워서 벤치에 앉아 바람을 쐬고 있는데, 준에게 전화 오고 그새를 못 참고 조에게 전화 오고. 설빙 왔다고. 배가 불러 산으로 갈 판이구만 뭐가 그리 급하다고.

현관문을 열고 들어서니, 아이구야! 여가 아마존의 밀림인가. 조와 준은 똑같이 원시인이 되어 있네. 빤스만 입고 숟가락 들고 거실 탁자에 앉아 있네.

내가 신발을 벗고 앉자마자 민트 맛과 인절미 맛 설빙 두 통이 순식간에 어디론가 사라졌네. 날이 덥긴 덥네.

마침 이웃의 조언으로 주문한 찹쌀이 도착했다. 베트남 쌀과 국내산 찹쌀을 5대5 비율로 섞어 쌀을 씻었고. 보리굴비 다섯 마리를 쌀뜨물에 담가뒀는데,

준이 또 뭔 검색을 해봤는지, 지느러미와 내장을 빼내야 한다네. 준이 두 시간쯤 담가둔 보리굴비를 꺼내, 지가 손질을 해보겠노라고 도마와 칼에 비린내를 묻히더니 아직 덜 불려서 내장을 빼낼 수가 없다고 낼 아침까지 담가두기로 했네.

나는 아침에 보리굴비를 찜기에 잘 쪄주려고 일찍 잠이 들었는데, 준이 새벽 5시쯤 일어나 보리굴비를 다듬고 내장을 떼고 굴비를 잘 쪄냈다며 나를 깨우네.

뜨악,

비싼 보리굴비 대가리야 어디로 갔느뇨!

꼬리야 지느러미야!

거기다 찐 보리굴비를 다시 프라이팬에 기름을 두르고 구웠네?
 완전히 딱딱한 북어포네?

통(通)

갈비가 먹고 싶어서 내 얼굴에도 연중행사로 올리는 마사지 팩을 조 얼굴에 붙여줬다
조는 뺀질이같이 얼굴이 간만에 뺀질뺀질하네
뭐 먹고 싶으냐고 묻기에
연안부두 갈까?
여름철에 회는 좀……
그럼 아구찜?
콩나물만 잔뜩 있어서 별……
그럼 족발 먹으러 갈까?
그 집은 오늘 휴무래
그럼 뭐? 뭐?
갈비나 뜯으러 갔으면 싶은데……

갈빗집부터 말 안 하길 잘했네

제3부

눈

눈은 먼 기적을 울리는 기차 소리 산중 사찰 범종 소리 아침 열 시에 벚꽃 흩날리는 소리 하염없이 불어나는 하얀 목소리 눈은 수평선 너머 혼자 선 등대를 울리는 소리

눈이 내리는데
자꾸만 달리는데

목포역 대합실 오지 않는 눈을 기다리는 눈 파도 소리 이는 천사대교 졸고 있는 오음산 지나 배미산 지나 대성산 따라 길게 이어지는 눈 보드카 한 잔에 눈을 찾아 헤매는 눈

눈은 베란다 밖 감나무 가지에서 자고 있네
눈은 배를 깔고 누워 설국(雪國) 148페이지를 펴
내 얼굴에 덮네

밥

분홍 잠바에 분홍 모자를 쓴 참꽃 한 송이
꽃이 핀 뒤에야 엄마를 만났다

맛있는 거 뭐 먹을까?
보리밥에 청국장이 질이지
맨 보리밥에 청국장이야?

보리밥을 기다린다
청국장을 기다린다

엄마 등 좀 펴고 있어
퍼지지 않는 등을 펴라고 하는

  열무가 생채가 취나물이 콩나물이 버섯 오이무침 양배추 풋고추가 식탁 위에 넘쳐나는 봄
  엄마 이거 다 넣고 살살 비벼 먹어봐

  국물에 말아 오물오물 움직이는 입을 보면서 엄마 청국장

에 건더기까지 더 떠주는
   국물만 줘야 뻣써서 안 씹어져야

   고기도 뻣써서 못 먹고 싱싱한 야채도 뻣써서 못 먹고 젊었을 때는 내 입에 넣어 주느라 못 먹고 이제 국물만 먹고 죽만 먹고 죽도 안 넘어가면 물만 먹을 거야?
   했던
   엄마와의 마지막 만찬

   내 그릇에 잔뜩 비벼놓은 엄마의 밥
   줄어들지 않는 밥

갯물 두부 만드는 법

아비가 이틀째 안 들어온다
장산도 생각이 난다

그곳 아낙들, 홀어미가 참 많았었다
들일을 할 때나 힘든 일이 있을 때
잔치가 있을 때 지아비가 광야를 달릴* 때
노래를 불렀다
소리가 좋아 소리섬이었다

일주일에 한 번씩 광야를 달리는 아비
맘먹고 갯물 떠다가 두부나 만들어볼까

 한 이틀 콩을 불렸다가 맷돌에 썩썩 갈아 갯물 떠다가 펄펄 끓여 확 부은 다음 네모 두부판에서 굳어질 때까지 소리 한 자락 부르고 나서 성큼 대칼로 썰어 며칠 굶은 동네 개아들까지 다 불러 김치보시기 놓고 막걸리잔 넘치게 콸콸 쏟아부으면 아 참 고소한 두부

---

*김훈 에세이, 「나의 아버지」에서.

맨드라미

으따 지랄 맞게 이쁘지는 않은디 요것이 뭐시냐 닭 볏을 닮았어야
그랑께 옛날에 선비들이 이걸 심궈 놓고 출세를 소원했다는 말도 있응께
그란디 꽃에 꿀이 없는지 벌이 안 오는 갑다
생전 못 봤응께
오매 아야 느가부지 세발낙지 잡아가꼬 배 타고 올 것인께 등댓불 들오기 전에 싸게 상 봐야제

함봉산 아래 밥집 울타리 칼칼한 목소리
어머니 목소리
아배를 기다리는 젊은 목소리
꿀이 없어도 세상에서 가장 황홀하고 아름다운 몸
자줏빛 노을이 구불구불 몸을 뒤척이는 소리

아파트 뒤 베란다 어디에서 때 아닌 저녁 닭이 운다

군불

 태엽이 감기는 동안 할머니가 눈이 내리는 마을 어귀를 내다보며 서 있었다 할머니는 늘 누군가를 기다리고 있었다 검둥이 발소리에 비땅을 내려놓고 정제 문턱을 맨발로 넘을 때도 그랬고 토방에 앉아 미닫이문을 열던 할머니 손길이 내 등에 닿을 때도 그랬다 정제가 따듯해지면 할머니는 왜 엄마보다 부석이 좋다고 말했을까 겨울에는 특히 더 좋다고 말했다 할머니가 쪼그리고 앉아 부석을 들여다보며 후후 입김을 불어 솔잎들은 살아있는 것처럼 휘적휘적 움직였다 정제는 연기가 꽉 차 눈 덮인 뒷산 같았다 할머니는 손등으로 콧물을 훔치고 부석에서는 생솔가지가 타닥타닥 부러졌다 눈발이 고요해지고 검둥이는 꼬리를 흔들며 정제 안으로 들어왔다 할머니가 한쪽 손으로 검둥이를 쓰다듬고 그제야 부석 안 불꽃이 피기 시작했다 연기가 사라지자 할머니는 두르고 있던 수건을 풀어 눈물을 닦았다 할머니 왜 울어? 할머니는 눈이 맵다고 했다 군불을 지필 때마다 울면 어떻게 해? 할머니는 가시나야 매워서 우는 거슨 암껏도 아니제 평생 이 집에서 흘렸던 눈물이 이 큰 가마솥만 한 거 몇 솥은 더 채웠을 것인께 했다 땡! 에어프라이어 태엽이 멈췄다 시간이 0으로 되돌아오고 감자를 꺼내 호호 부는 것은 엄마가 되어 있는 나였다 생솔잎 냄새가 나는 것 같았다 17분간 태엽이 풀리면서 내가 눕고 싶은 집으로 돌아가 있고 도시의 집들은 온기를 기다리며 서 있다 내 눈물은 가마솥 어디만큼 찼나 눈금을 볼 수 없다

봉선화

귀가 쫑긋 부어오른 오후
이마에서 흰 비린내가 난다

엄마, 잘 계시지?
팽나무집 장독대 마음 뭉클한 한낮
석쇠에 은갈치 한 토막 올려놓고
안부를 묻는 꽃

하늘 물속을 날아다니는 소금쟁이
비가 오려는지
웅덩이에 구름이 내려와 발을 씻는다

작년 마을에 어쩌다 흰 소나기가 쏟아지고
톡톡 붉은 천둥이 터지기도 하고
비가 개고 나면 몸속에 시냇물 소리가 고여 있었다

길냥이가 울어대던 어젯밤 화단에
과거를 잊은 엄마가 피어 있다

금낭화

할머니 속마음 산세
손에 쥐어준 천 원권 지폐

오늘 날씨는 허리쯤에 금낭화가 피어 있을 것
새치를 뽑아주고
할머니 속곳 복주머니에 슬며시 손을 집어넣을 것
나무들은 오물오물 웃을 것

가느다란 산길은 대개 고즈넉하고
산중턱 노랗게 칠한 빈 의자
속곳에 들어갔다 나오는 손의 온도

번번이 부족한 바람이 불 것
이 산을 오가며 한 번이라도 저 의자에 앉지 말 것
의자 역시 아무도 앉힌 적 없을 것
딱따구리처럼
흐흐 이 빠진 웃음소리가 앙상한 나무 등을 쪼고 있을 것

손수건

화장을 허고 있는디
어매가 으따 애 어매가 입술을 뭐더러 뻘갛게 칠하냐
헙디다
그람서 내 베니를 들었다 놨다 허믄서
나도 쪼까 발라볼까
헙디다
내가 살살 발라준께
어매가 금방 지워진께 쪼까 더 칠해봐야
헙디다
쪼까 더 칠해준께
우개입술허고 아랫입술허고 움질움질 문지르믄서
색경을 요리조리 비춰 보믄서 씨익
웃습디다
울 어매 시집가도 되것네 헝께
워매 워매 느므 뻘갛다고 지워부러라 지워부러라
헙디다
내가 지울라고 헝께
싸게 진달래꽃 귀경 가자고 땀 닦을 손수건을 챙기던

울 어매
손수건에서 울 어매 냄새가 나부요
울 어매 봄은 은제 온당가

가을

신작로 한쪽 바닥에 빨갛게 널어놓은 고추
아이가 엄마 손을 붙잡고 돌담 사이를 걸어가고 있네

우와 엄마 고추야
그래 고추구나
우와 그런데 왜 다 누워 있어?
할머니 손을 타서 졸린 거야
할머니들은 고추를 이뻐해?
그럼, 이뻐하지, 공수리 할머니도 준이 가면 동여맨 수건 풀고 등대 앞까지 나오잖아
아 그래서 할머니 집에 가면 졸리는 거구나, 그렇지 엄마?

엄마와 아이가 등대 아래 발맞춰 걷는다
고추들이 누워 조잘조잘 웃는다
따가운 가을 햇살이 뒤따라 걷는다

가을 2

달력을 넘기며
죽을 날이 가까워지는구나 하던 아부지 뒷모습이
수숫대 꽁다리

선풍기 날개를 닦아 덮개를 씌우는데
마른 모기 한 마리 떨어지네

이 모기가
나를 낳아 기른 아부지와
왜 닮았는지……

가을 3

여름은 시름 같아 뒤안길에 두고
귀뚜라미와 술이나 한잔하자

잠자리
무당벌레
반딧불이
방아깨비
풀무치
여치
사마귀
메뚜기
배짱이
이런 것들 말고

귀뚜라미와
길섶 지나가는 바람 소리 들으며
저건 옛 애인
저건 아부지

저건 조
발소리, 발소리
뒤축 구겨 넣은 바람 발걸음 소리 들으며

눈먼 이 밤을 더듬어
누가 더 애절한지
귀뚜라미와 동트는 새벽까지
등대 옆에서 연애 얘기나 하자

옛집

여름
기도하는 동자승 햇살
아랫집 청포도 넝쿨
행기산 안개
푸른빛
마당을 쓸던 수숫대 빗자루
하늘로 뻗은 팽나무
칡뿌리 냄새
반소매 입은 새까만 아이
마당 귀퉁이 둠벙

붕어가 뻐끔뻐끔 말을 했다
뒤란 대나무 숲 수다 소리가 둠벙 안으로 부지런히 모여들었다
흰 구름이 기지개를 켜고
소금쟁이 한 마리가 텀블링을 했다
아이 눈도 동그랗게 파동이 일었다

푸른 눈망울이 송이송이 옹골지던 돌담
입 안에 굵은 단물이 차오른다
추억이 동그랗게 굴러와
베란다 창밖은 눈부시게 새콤하다

아랫집 남호 오빠 방학을 맞아 육지에서 건너와 있고
　청포도 줄기를 꺾어 눈알을 까뒤집어 윗집을 쳐다보던 푸른빛
　무서웠다
　아주 깊은 바다 빛

돌담을 사이에 두고 푸른 알
옛집을 비추던 푸른 등댓불

담배 향

담배 향이 아늑한 오후
버드나무 등에 업혔던 적이 있었지
버드나무는
쪼그리고 앉아 마른 잡초를 말아 불을 붙이던 아버지 등줄기
흐르는 햇살에 눈을 감은 채
흙마루 한쪽에서 아버지 기침 소리가
허옇게 끓어올랐지
아버지는 마음 언저리가 안개였는지
호박밭을 두고 걸어가는 뒷모습
그 냄새
뒤꼍 대나무 밖에는 이따금 가을 하늘보다 높은 산이 내려와 앉고
이듬해 늦은 봄
버드나무 무릎에서 담배 향내가 나는 저녁
흰둥이가 구슬프게 울었지
이파리들이 모두 어깨를 잔잔히 흔들고 있었지

준영이

  이젠 엄마 앞에서 옷을 벗지 않는다 전처럼 울다가 뒤돌아서 엄마 하며 팔을 벌리지도 않는다 수염자리가 생기면서부터 제 방문을 걸어 잠근다 가방에서 무언가를 꺼내 자물쇠가 달린 제 책상에 밀어 넣고는 힐끗 쳐다보기만 한다 비가 내려도 우산을 들고 나오지 말라고 한다

  모래를 헤치고 나온 바다거북 새끼는 저 혼자 바다로 간다 인연은 다만 그 새끼의 뒷모습을 바라보게 한다 창밖 겨울나무 가지 끝을 찬바람이 스치고 간다

알의 정적(靜寂)

신이 낳은 것은 한 판 서른 개의 정적
정적은 욕망이니 번뇌니 하는 것을
모나지 않게 어둠 속에 감추어 놓았다
감춘 날개와 다리의 이름은 암호처럼
0822L96M64나 0403DRHZK4로 불리지만
여보세요 여보세요
신은 빈방 어딘가에 잠들어 묵묵부답이다
문을 열어봐도
그 안에 환한 등불이나 울음 같은 것은 없다
비바람도 꽃 한 송이도 없다
신 대신에 또 누군가가 낳은
천 길 깊이의 정적만이 홀로 누워 있다

제4부

장산도

누가 고향을 물으면 말할 수 없었다

아버지 어디다 묻었냐 묻는 것 같았다

벌노랑이

가슴에 땀이 났다
다소곳하게 앉아 있었다

교회 앞마당 귀퉁이에 십자가를 등지고
노랗게

달맞이꽃

우리 아부지 달나라 가셨네
밤길 따라다니던 우리 아부지
달나라 가셨네
안아 달라 팔을 벌리면 담배만 태우시던 우리 아부지
끝끝내 달나라 가셨네
달맞이꽃 지상에 심어놓고 가버렸네
꽃술 안에 편히 잘 자라 우리 아부지
산책길에서 다시 만나자 우리 아부지

거미줄

겹벚꽃잎이 떨어지는 길목에다
그물을 치고 있었다
꽃잎 엉덩이가 아프지 않게
꽃잎이 해맑게 해먹에 누워 있었다
거미가 짱짱하게 염(殮)을 하고 있었다

암향(暗香)

술을 마시지 않고도 취할 수 있다
담배를 물지 않고도 연기를 마실 수 있다

부평아트센터 뒷길에 별들이 내려와 있다

함박꽃

사랑을 혀도 괴롭고 사랑이 끝나도 괴로운디 뭐더러 사랑을 헐까요

작약! 어서 좀 말 혀봐라

개구리밥

밥은 있는디 개구리는 으디 갔나
예배 갔나 벌노랑이길 마실 갔나
나비 따라갔나

왕원추리

126년 전 행려병자였을 것이다
몸을 보여주는 건 몸속의 말을 보여주는 꼴

동백꽃

아직 내게는
툭
떨어져 내릴 죽음
보험이 남아 있지

파꽃

이맘때 다녀가는 너를 마중 나온 것이지
맑은 하늘 허공의 새소리 외지인 발자국
목줄 풀린 백구가 들판을 가로질렀지
머릿속 별이 수두룩하게 쌓인 것이지
너에게로 별똥별 미끄러지는 것이지

오솔길

걷는 사람들 발밑에서 개미집들이 허물어진다
봄이면 파란 새싹들도 관절통을 앓는다

오늘의 날씨

 며칠 냉장고에 넣어둔 오이를 꺼내 찬물로 씻고 시든 부위를 긁어내 씹으니 소풍 나온 츠녀맹키로 입 안 가득 화창한 연애의 맛

비진의표시

당신을 사랑해도 되겠는지요
이렇게 쓰고 싶었던 건 아닌데 쓰고 말았다

당신을 기다려도 되겠는지요
이렇게 기다리려고 했던 건 아닌데 기다리고 있다

당신은 정말 괜찮습니까
이렇게 묻고 싶었던 건 아닌데 괜찮다고 썼다

푸른 눈 고양이

너에게도 때로는 혀로 핥고 싶은
숨겨둔 털가죽이 있겠지

시

바람이 되기 위해
나를 보존하기 위해

네게 몸을 맡기고
눈에 물을 줘야겠어!

풀어진 옷자락처럼
발바닥이 펄럭이네

소(沼)

내 아버지는 손이 크고 담배를 피우며 투박하고 주름진 말을 딸에게 하지 않는 속 깊은 어딘가에 출렁거리는 물소리를 가진 사람이었다

해설

은유와 환유의 지평

진순애(문학평론가)

1. 방언과 사설의 수사학

이나혜의 시는 방언, 곧 전라도 방언과 사설의 수사학으로 시의 지평을 확장한다. 무엇보다도 불협화음으로 직조된 현대인의 내면세계를 벗어나 근원의 언어인 방언으로 자본주의 현실을 사설로 풀어내는 이나혜 시의 서사는 그 새로움과 신선함과 흡인력이 독보적이라 하겠다.

인접성의 원리에 따라 서사의 연쇄를 만들어내는 시의 사설은 포스트모던적 환유의 원리가 작동하고 있다. 사설시조의 해체성처럼 사설의 수사학은 방언과 함께 자유롭게 유동하는 지평 속에서 탈구조주의적 동시대성을 은유한다. 물론

전라도 방언은 다른 전라도 출신 시인의 시에서도 찾아볼 수 있으나 환유의 사설로 엮은 이나혜 시의 방언은 단지 고향과의 동일성을 지향하는 방언의 수사를 넘어서 환유의 지평으로 작용한다.

환유의 원리가 원심력으로 작용한다면 방언을 비롯하여 상징이 된 은유의 원리는 시적 구심력으로 작용한다. 중심과 탈중심화된 대립적 세계 혹은 과거와 현재를 오가는 이나혜 시의 이중적 행보는 현대인의 그것과 다르지 않다. 근원의 세계에서 분리된 현대인이 이율배반적이게도, 혹은 무의식적으로 근원의 구심점과 원심의 현재를 시계추처럼 오가며 탈중심화된 포스트모던의 현실에서 균형을 견지하듯 이나혜의 시적 행보 또한 그러하다.

2. 환유와 방언의 해학성

조가 어제에 이어 오늘도 일찍 겨 들어와 가꼬 봉급날도
아니믄서 무슨 칠십 년대 리어커꾼맹키로 푸줏간에서 저
먹을 사시미와 국거리를 신문지에 돌돌 말아가꼬 왔는디
오늘 일당이 두둑했는지 땀으로 범벅이 되가꼬 팔을 쭉 올
리드만 옷을 배깨달라고 을매나 땀을 흘렸는지 안 배깨지
는디 뭔 요다구를 꾸미려는 건지 즈그 각시는 걱정이 앞서

는디 운수 좋은 날이여
　그랑께 즈그 각시가 설거지를 허다말고 앞치마를 홀라
당 배깨놓고 소주 홉을 들고 가 앉았는디
　조가 실실 쪼개네 술이면 다 좋은 것인지 실실 쪼개네
으따 뭔 요다군지
　　　　　―「지극히 평범한 남자」 부분

　1920년대의 서울을 배경으로 한 현진건의 「운수 좋은 날」은 비극적 아이러니의 정수를 자랑한다. 1920년대와 물경 1세기가 차이 나는 2022년도인 지금도 「운수 좋은 날」의 비극적 풍경은 여전히 진행 중이리라. 그것은 지속되고 있는 자본주의가 야기한 근대의 이면인 까닭에 그러하다. 따라서 2022년도의 혹은 21세기의 '지극히 평범한 남자'는 아내가 죽은 줄도 모르고 아내가 먹고 싶어 하던 설렁탕을 사 들고 귀가한 「운수 좋은 날」의 김 첨지나, 푸줏간에서 사시미와 국거리를 신문지에 돌돌 말아가꼬 집에 온 칠십 년대 리어커꾼의 연장선상에서 사실주의적 지평을 확장한다.
　물론 20년대 인력거꾼이나 70년대 리어커꾼이 도시 하층민의 비극성을 은유한다면, 21세기의 월급쟁이인 '지극히 평범한 남자'는 도시 소시민의 일상을 은유한다. 때문에 이들이 시니피에로서 동일선상일 수는 없다. 도시 하층민인 인력거꾼 및 리어커꾼의 가난과 도시 소시민인 월급쟁이의 일상은 다르다. 그럼에도 고독한 실존적 존재태를 내포한다는 점에서 이들은 다르지 않다. 또한 인력거꾼과 리어커꾼과 월급쟁이라는 가장으로서의 시니피앙은 자본의 위력과는 대척점에 있다는 공통항에서도 그 인접성을 찾는다. 돈의 위력 앞에서 왜소한 인간의 사회적 위상을 환유하는 시니피앙의 연결이라 할 수 있다. 현진건의 「술 권하는 사회」처럼 술을 마셔야 하는 까닭이 자본주의 사회에 있다는 자조적인 환유이다.

"그랑께 즈그 각시가 설거지를 허다말고 앞치마를 홀라당 배깨놓고 소주 홉을 들고 가 앉았는디/조가 실실 쪼개네 술이면 다 좋은 것인지 실실 쪼개네/으따 뭔 요다군지" 등에서 비속어를 비롯한 방언의 사설이 가벼움의 해학을 낳는다. 해학은 돈의 위력에 억압받는 술 마시는 인물들에 대한 동정을 유발한다. 무거운 실존의 무게를 초월적 지평으로 유인하는 술의 마력과도 같은 방언의 환유적 장치가 야기한 해학이다. 억압받는 자들에 대한 동정과 연민으로 연결된 시니피앙이 야기한 해학은 포스트모던적인 동시대성 또한 은유한다.

오살늠 쓱어문들어질 늠이 홍어에다가 문어에다가 이스리를 츠묵고 와서는 지 주둥이를 내 주둥이 쪽으로 쭉 내미네 삼합인지 뭔지 냄새 한번 고약하네 소금 물속에 열하루 담가진 오이맹키로 쩔어왔네 염소 똥에 코 박고 이틀 연짝 술 퍼마신 거 맹키로 상판때기 좀 봐라 아예 매실맹

키로 술독에 들가서 서서히 지 거시기 맹키로 더 쪼그라들어 오지

이번 주말부터는 장맛비가 온단다 까스텔바작인지 캘빈클라인인지 니 빤스 중허제?

편의점 의자에서 맥주 한 잔 걸치고 곯아떨어진 사람은 너밖에 없을 것인디 기네스북 가자 편의점 의자에서 맥주 한 잔 걸치고 코 삐뚤어졌다는 사람도 너밖에 없을 것인디 니가 시인이냐 야콥슨이냐 허구한 날 환유를 쓰브네?

뭐더냐 니 거시기만 넣고 가방 싸라 침을 바르더라도 좌우 앞뒤 가려가며 발라야제 니가 어디를 봐서 터미네이터냐? 콩 보까불듯 사나흘 뜩뜩 보까불라

집에 오면 혼날까 봐? 혼나야제 하숙생맹키로 이불은 동굴 맹글어놓고 니가 무슨 플라톤이냐 지하주차장 차 안에서 깔따구 띠끼고 새우처럼 웅크리고 잤다고? 머리는 모시 조사묵은 부리맹키로 산발 오리발이네? 니가 사모하는 뙤약볕에서 깨 털듯이 털어 불라 니가 무슨 일구청춘이냐

나는 뭐 간도 쓸개도 콩팥도 냉동실에 있응께 녹을라믄 산도화가 필 때까지 배창시 깔고 소설 나부랭이나 읽는 것도 하루이틀이제 옥 같은 물에 발 씻을 날 을마 안 남았다 귀가 뚫렸다고 바람 빠지듯 한쪽 귀로 흘려버리믄 쓰나 나 입은 째깐한디 니 큰 귓구멍에 고상한 단어 넣는 것 어지간히 입 아프다

원초아도 아니고 방금 뜸 들인 밥도 아니고 따둑따둑 해
주는 것도 열두 번이지 나 니 엄니 아니다 공정하고 가정
의 법과 원칙을 지켜야 쓰것냐 안 쓰것냐 니가 무슨 니체
냐 디오게네스냐 니 삶의 본능은 알겠다마는 나를 옥수수
알맹이맹키로 촘촘히 자극하지 마라

—「장마예보」 전문

남편을 향한 아내의 푸념 내지는 하소연으로 엮인 방언과 사설의 수사학은 지루할 장마예보처럼 지루할 일상을 예보하는 환유이다. "나를 옥수수알맹이맹키로 촘촘히 자극하지 마라"라는 시의 결어는 '너와 함께 살면서 비롯된 울분'을 꾹꾹 참으며 살고 있으니 '내 울분 건드리지 마라'의 환유이다. 청자인 남편을 향한 혹은 화자의 내면을 향한 장마예보와 같은 직접적 예보가 삭제된 환유의 언어인 것이다.

마지막의 "원초아도 아니고 방금 뜸 들인 밥도 아니고 따둑따둑 해주는 것도 열두 번이지 나 니 엄니 아니다 공정하고 가정의 법과 원칙을 지켜야 쓰것냐 안 쓰것냐 니가 무슨 니체냐 디오게네스냐"의 경고 아닌 경고에서 '오살늠, 쑥어문들어질 늠, 시인, 야콥슨, 하숙생, 플라톤, 원초아, 니체, 디오게네스'들에 연결된 인접성을 보자. 이들은 형이상학적 세계가 퇴출된 '술 권하는 사회'에 대한 자조 혹은 자본주의 현실을 환유하는 시니피앙들이다.

자본주의 현실은 물질주의로 혹은 외적으로 혹은 눈에 보이는 것만 신뢰하도록 한다. 때문에 자본주의의 현실은 시인으로서의 사유, 야콥슨의 사유, 플라톤의 사유, 니체의 사유, 디오게네스의 사유로 상징되는 형이상학의 세계가 무의미하거나 무의미하도록 해체시킨다. 자본주의 현실에서 소외된 존재태를 지시하는 시니피앙인 것이다. 소외된 시니피앙에서 자본주의 현실을 비판하는 태도를 읽을 수 있다.

차라리 집을 사지 왜 전세로 살까?

종부세 내기 싫을 수도 있고. 살다 보면 이유가 많아. 그렇지만 별장도 있을 거야. 관리인도 있을 거고. 왜 차 타고 가다 보면 강물 옆 산속에 집들 많잖아.

부러워?

부럽지.

세상 땅이 너 발아래에 있으니까 부러워 말고.

우리, 땅 부자야?

그럼 그렇고말고. 콩 심고 팥 심으면 그 줄기가 하늘을 뚫고 올라가 볼리비아까지 날아갈 건데 뭐. 그 세가 바로 그 새야. 그러니까 아프지 좀 말고. 장가가려면 운동도 하고. 느검마 뽀뽀도 많이 해주고.

아부지, 우리도 돈 벌어서 종부세 내고 영수증 코팅해서 액자 해놓자.

그래.

은제?

곧.

―「종부세」부분

종부세는 자본주의가 야기한 부익부와 빈익빈의 극단적 대립을 환유하는 기호이다. 보다 직접적으로는 종부세는 납부하고 싶다고 국민 모두가 납부할 수 있는 세금이 아닌 까닭에 부익부를 환유한다. 곧 종부세는 자본주의를 추수하는 존재들의 시니피앙인 것이다.

'종부세'와 '종부새'의 동음이의어가 돈의 자유와 새의 자유라는 자유의 인접성 속에서도 각각의 자유는 하늘과 땅 차이임을 은유하는 시니피에를 제약적으로 선택한다. 종부세는 자본주의가 야기한 부조리한 현실조차 환유하는 은유인 까닭에 그러하다.

3. 상징이 된 은유의 동일화

상징과 은유는 무관할 수 없다. 상징과 은유는 인류가 세계를 사유하는 방법으로써 가장 오래된 양대 산맥이다. 상징이 은유와 다른 점은 상징이 더욱 큰 지속성과 영구성을 지닌다는 데 있다. 곧 상징과 은유의 관계는 최초에는 은유였던 언어가 시간의 지속성 속에서 상징의 언어로 변환하는 까닭에 시간의 추이 속에서 상징과 은유는 엎치락뒤치락한다.

분홍 잠바에 분홍 모자를 쓴 참꽃 한 송이
꽃이 핀 뒤에야 엄마를 만났다

맛있는 거 뭐 먹을까?
보리밥에 청국장이 질이지
맨 보리밥에 청국장이야?

…중략…

고기도 뻣써서 못 먹고 싱싱한 야채도 뻣써서 못 먹고 젊었을 때는 내 입에 넣어 주느라 못 먹고 이제 국물만 먹고 죽만 먹고 죽도 안 넘어가면 물만 먹을 거야?
했던
엄마와의 마지막 만찬

내 그릇에 잔뜩 비벼놓은 엄마의 밥
줄어들지 않는 밥

—「밥」부분

모성애의 기호인 그리고 고향을 상징하는 '어머니' 기호는 무엇보다도 대한민국의 전통적 정서 속에서, 그리고 20세기를 건너면서는 민족의 비극적 역사 또한 상징한다. 험난했던 격변의 20세기를 발전으로 코드화하게 된 데에는 어머니(들)의 희생이 그 중심에 있었던 까닭이다. 어머니는 가난과 인내와 고난과 희생과 사랑과 정다움과 슬픔과 그리움과 고독과 고향 등을 내포한 범민족적 정서의 기호이자 삶의 뿌리인 것이다. 보편적으로는 생명체의 근원으로서 자연이자 보다 구체적으로는 대지의 여신인 가이아를 상징하는 기호이다.

 '밥'도 '어머니' 기호에 내재된 상징성처럼 범민족적 의미를 견지한다. '밥 한번 같이 먹자'라는 인사는 너와 나 사이의 거리를 삭제시킨다. 20세기를 건너온 대한민국에서 '밥'은 '어머니' 기호와 마찬가지로 고향이며 민족의 역사적 지평을 아우르는 상징이 된 은유이다. 따라서 "엄마와의 마지막 만찬"이 된 밥은 "줄어들지 않는 밥"을 은유하고 "분홍 잠바에 분홍 모자를 쓴 참꽃 한 송이"는 '엄마'를 은유한다. 더욱이 흰 쌀밥이 아니라 보리밥인 밥은 가난했던 20세기의 역사조차 상징적으로 은유한다. 민족의 질곡을 은유하는 어머니(들)의 희생이 밥을 비롯한 고향의 상징적 기호와 함께 이나혜 시의 구심점이 되고 있다.

 으따 지랄 맞게 이쁘지는 않은디 요것이 뭐시냐 닭 볏을 닮았어야
 그랑께 옛날에 선비들이 이걸 심궈 놓고 출세를 소원했다는 말도 있응께
 그란디 꽃에 꿀이 없는지 벌이 안 오는 갑다
 생전 못 봤응께
 오매 아야 느가부지 세발낙지 잡아가꼬 배 타고 올 것인께 등댓불 들오기 전에 싸게 상 봐야제
 함봉산 아래 밥집 울타리 칼칼한 목소리
 어머니 목소리
 아배를 기다리는 젊은 목소리
 꿀이 없어도 세상에서 가장 황홀하고 아름다운 몸
 자줏빛 노을이 구불구불 몸을 뒤척이는 소리
 아파트 뒤 베란다 어디에서 때 아닌 저녁 닭이 운다
             —「맨드라미」전문

 맨드라미 붉게 핀 고향의 여름은 지금은 사라지고 부재한, 곧 현대의 우리가 잃어버린 고향의 그리움이다. 방언 또한 그러하다. 표준어의 획일성에 밀려난 방언은 지금은 그 지방에서조차 낯선 언어가 되었다. 그 지방의 할머니도 할아버지도 소년도 모두 표준어로 소통한다. 방언은 이제 창작의 새로움에 기여하는 기호로 작용하기에 이른 것이다. 하지만 이나혜

의 시에선 낯선 은유로 작동하는 방언의 상징성이 아이러니한 동시대의 이면을 은유하고 있다. 느림의 시학으로써 낯선 방언의 기제인 까닭이다.

"으따 지랄 맞게 이쁘지는 않은디 요것이 뭐시냐 닭 볏을 닮았어야/그렁께 옛날에 선비들이 이걸 심궈 놓고 출세를 소원했다는 말도 있응께"라는 진술에서 민족의 문화조차 상징하는 맨드라미를 읽는다. 이나혜 개인의 시적 구심점을 넘어서 민족적 지평으로 확장된 고향의 그리운 맨드라미 기호이다. 고향의 맨드라미는 '세발낙지 잡으러 간 아버지'를 불러오고 "함봉산 아래 밥집 울타리 칼칼한 목소리"의 어머니를 불러온다. 아파트촌에서조차 저녁 닭의 울음소리를 불러오는 고향의 맨드라미다.

> 우리 아부지 달나라 가셨네
> 밤길 따라다니던 우리 아부지
> 달나라 가셨네
> 안아 달라 팔을 벌리면 담배만 태우시던 우리 아부지
> 끝끝내 달나라 가셨네
> 달맞이꽃 지상에 심어놓고 가버렸네
> 꽃술 안에 편히 잘 자라 우리 아부지
> 산책길에서 다시 만나자 우리 아부지
>
> ―「달맞이꽃」 전문

아버지라는 표준어가 아니라 '아부지'라는 방언은 현대에서의 '아빠'와는 달리 그 역사적 시점을 지시한다. 때문에 어머니의 상징성처럼 '아부지' 또한 고향 이미지를 상징하는 은유 기호가 된다. '달맞이꽃 지상에 심어놓고 달나라에 가버린 아부지'인 까닭에 '아버지는 달맞이꽃'이라는 은유는 달맞이꽃의 상징성으로 고향에의 동일화에 기여한다.

아부지가 심어놓은 달맞이꽃은 산책길에서 만나는 아부지가 되어 이나혜의 마음을 유년으로 유인한다. 달맞이꽃이 달나라 가신 아부지로 이나혜의 마음속에 살아 있듯이 고향은 달맞이꽃으로 혹은 달나라 가신 아부지로 이나혜의 마음속에 그리고 현대인의 마음속에 살아 있다. 달맞이꽃은 이승과 저승을 하나 되게 한 매개물이자 근원의 세계로 현대인을 유인하며 고향 및 자연과 우주를 합일하게 한다. 달맞이꽃으로 환생한 아버지인 까닭이다.

누가 고향을 물으면 말할 수 없었다

아버지 어디다 묻었냐 묻는 것 같았다
―「장산도」 전문

떠나온 고향은 현대의 우리가 가슴속에 묻어놓은 그리움의

대상일 뿐만이 아니라 아이러니하게도 부끄러움의 기호이기도 하다. 그것은 고향이 언제나 노스탤지어의 세계인 것만은 아닌 까닭이며, 그 이면에 우리가 꺼내보고 싶지 않은 가난하고 남루하고 슬프고 고통스러운 기억의 한 페이지가 은폐되어 있기 때문이다. "아버지 어디다 묻었냐"는 아버지 묻을 선산조차 없었던 가난을 은유하고, 잃어버린 가족애를 은유하는 언술이다.

그럼에도 고향은 현대의 우리가 회복해야 할 근원세계이며 잃어버릴 수 없는 우리 삶의 구심점이자 질서의 은유이다. 이나혜의 개인적 고향이 그의 개인적 세계에 국한되지 않고 민족적 지평으로 혹은 현대인의 지평으로 확장되는 것은 인류 또한 근대를 창시하면서 '다시는 돌아갈 수 없는 고향'으로 고향과 먼 이별을 한 까닭에 있다. 이나혜의 고향 노래가 깊은 그리움을 환기시키는 까닭이 여기에 있다. 그것은 상징이 된 은유의 동일화가 야기한 그리고 느낌의 사유가 지닌 깊이의 시학에서 퍼 올린 환기력이다.

시인동네 시인선 184

줄어들지 않는 밥

ⓒ 이나혜

초판 1쇄 인쇄	2022년 9월 23일
초판 1쇄 발행	2022년 9월 30일
지은이	이나혜
펴낸이	김석봉
디자인	헤이존
펴낸곳	문학의전당
출판등록	제448-251002012000043호
주소	충북 단양군 적성면 도곡파랑로 178
전화	043-421-1977
전자우편	sbpoem@naver.com

ISBN 979-11-5896-560-0 03810

*이 책의 판권은 지은이와 문학의전당에 있습니다.
*양측의 서면 동의 없는 무단 전재 및 복제를 금합니다.
*잘못 만들어진 책은 바꿔드립니다.
*이 시집은 인천광역시와 인천문화재단의 후원을 받아 '2022 예술표현활동 지원사업'에 선정되어 제작되었습니다.